AF450843

IMITATION
DES PSEAVMES
DE LA PENITENCE
DE DAVID,

PAR MESS.ᵣₑ I. DE LA CEPPEDE
Cheualier , Conseiller du Roy, en ses Conseils
d'Estat & Priué, & premier President
en la Cour des Comptes, Aydes, &
Finances de Prouence.

SECONDE EDITION
Reueüe & augmentée de quelques Paraphrases d'autres
Pseaumes, & pieces de deuotion.

A TOLOSE,
De l'Imprimerie des Colomiez 1612.

A MADAME

MADAME LOVYSE

D'ANCESVNE,

DAME DE S. CHOMOND,

CADEROVSSE, ET

S. ALEXANDRE.

Ombien que la Penitence (MADAME) soit appelée la seconde Table apres le naufrage : & qu'il soit beaucoup meilleur de surgir au port du Salut eternel sur la nef entiere, sans auoir fait iet de ses marchandises, que sur vn petit ais, apres auoir veu briser son vaisseau contre les escueils, & fait perte d'vne bonne partie de ses ioyaux : Si est-ce encor beaucoup de bien d'y pouuoir aborder en quelque façon, & à quel prix que ce soit. C'eſt pourquoy ce grand Maiſtre (le talent duquel nous traffiquons ſur la mer de ce monde) apres le bris du Nauire nous donne encor ce Raſeau , pour auec iceluy ſauuer ce qui nous reſte du premier naufrage. Il eſt vray , qu'il ne faut point pareſſer à nous en ſeruir , à l'exemple de ces trois Princes de Iuda , qui ſe iettans d'vne viſte contrition dans l'eſquif du jeuſne , de la haire , & de la cendre , eſchapperent la fureur des flots boüillonans de l'ire de Dieu , & recogneurent combien l'humbleſſe de cette petite Naſſelle eſtoit puiſſante enuers ce Tout-puiſſant ; puis que victorieuſe de l'inuincible tormente de ſon courroux, elle les porta ſur la plage , où ils le recogneurent bien toſt Pere miſericordieux , au lieu de Iuge redoutable. Puis donques que pour ſauuer ce peu qui nous demeure, & nous mettre à couuert du violent orage , qui noirciſſant nos jours de tant de longues années , nous menace du naufrage dernier , nous ne pouuons ſurgir au haure de la diuine miſericorde que par cette ſeconde Table, ou Raſeau de la Penitence : je deſire de diſpoſer mon Ame , & auec elle cette France affligée , à s'y venir rendre , pour appendre deformais à l'Antenne de la Croix les voiles de nos affections. Or jugeant cette entre-

prinſe difficile à mon infirmité , i'ay (ſecrette-
ment inſpiré) ietté les yeux ſur le bon Dauid.
Et, comme il eſt touſiours beſoin d'auoir quel-
qu'vn , aux mœurs duquel les noſtres ſe redreſ-
ſent, je l'ay choiſi pour Nocher en cette peril-
leuſe nauigation , pour laquele, attendant d'enhaut que le ſouffle de l'Immortel empoupe ma
Naſſelle , i'ay aduiſé de prendre tandis en main les
plus legers auirons de ce penitent Pilote, & m'exercer cependant à retracer les roides élancemens
de ſa compunction , les pitoyables accens de ſes
plaintes , & l'ardante deuotion de ſes prieres pour
obtenir la mercy deſirée. A quoy ayant autre-
fois donné les heures , qui me reſtoient de la
preſſée occupation de ma charge , & depuis, quelque journée de noſtre affligé loiſir : l'Eſprit de
l'Eternel , qui fauoriſant les ſaintes intentions,
ſe daigne bien ſeruir des mortels organes , a fait
éclorre à mon Ame ce petit Oeuure, dont aux
deſpens des largeſſes diuines je commenceray, s'il
vous plaiſt (MADAME) à m'aquitter des moin-
dres obligations que je vous doy. Ie vous l'offre
donques, non flaté de la vaine opinion de ma
ſuffiſance ; mais aſſeuré que voſtre religieuſe &
deuotieuſe pieté , agréera ces deuots & reli-
gieux exercices, & que vous receurez courtoiſe-
ment ces arres de la volonté que i'ay de donner

quelque chofe de mieux à voftre feruice ; comme celuy , qui a tres-cher de fe pouuoir dire à
toufiours

Voftre bien-humble , & tres-
deuotionné feruiteur

I. D. L. C.

D'Auignon ce premier
de Ianuier 1594.

IMITATION
DE LA PENITENCE
DE DAVID,

AV

PSEAVME VI. ET PREMIER

DES PENITENTIAVX

Domine ne in furore, &c.

I.

Esarme ta fureur, attiedy ton courroux,
Recalme ton visage, & te monstre vn
peu doux
A tancer, à punir mes crimes deplora-
bles.
Voy, grand Dieu, qui ie suis, voy quele est ma langueur
Que si tu veux sur moy recharger ta rigueur,
Au moins tend moy l'appuy de tes mains secourables.

II.

Battu de mille maux i'ay perdu le repos :
Vne tremblante peur furete dans mes os :
Ma fresle chair s'escoule au feu de ma misere :
Mon esprit étourdy n'a plus de mouuement :

Que tardes tu donc plus d'alleger mon tourment ?
Iusques à quand, Seigneur, bruslera ta cholere ?

III.

Rasserene tes yeux, & les tourne vers moy ;
Regarde ce pecheur prôsterné deuant toy,
Et l'arrache des dents de la mort redoutable.
L'Erebe de ton Nom noye le souuenir,
Qui sera celuy là qu'on orrà te benir
Dans les abysmes creux de l'Orque espouuentable ?

IV.

Durant le noir seiour de ombres de la nuict
Le feu de mes sanglots ma poitrine a recuit,
De mon pleur redoublé ma couche est arrosée,
Mes yeux fondus en eau sont à la cecité,
Ma tendre peau se ride, & mon aduersité,
Sert à mes ennemis d'vne longue risée.

V.

Ministres d'iniustice éloignez vous d'icy,
Les accens de ma plaincte ont obtenu mercy,
I'ay flechy l'Immortel par l'effort de mes larmes.
Que de hôte, & d'horreur mes haineux soient couuerts;
Ia desia ce bon Dieu me tend ses bras ouuerts,
Mes sanglots de ses mains ont fait tomber les armes.

VI.

Que l'azuré lambris de la ronde Cité,
Sous les nombreux accords de l'immortalité
Resonne du Trine-vn la gloire imcomparable;
Comme elle fut, elle est, elle sera tousiours,

Le gosier

Le gosier du vieillard, qui deuore le iours
N'aualera iamais son Estre perdurable.

SEIGNEVR je confesse haut & clair, que mes rouges coulpes ont attizé ce feu de voftre jufte courroux: que mes ingrates, & morteles recheutes ont embrafé voftre puniffante fureur, à ce coup juftement tonante fur mon chef abominable: mais la violente douleur dont je fuis nuict & jour torturé par vos flammes vengereffes (qui apres auoir couru toutes les parceles de mon ame, ont defia carié mes os) me contrainct fendre l'air de ces éclatantes requeftes. Mon Dieu, ne me recherchez plus courroucé ; ne déchargez plus fur moy vos chaftimens judiciaires; ayez pitié de mon infirmité ; œilladez mes fanglantes playes, & leur appliquez le baume de vos eterneles mifericordes. He ! qu'attendez vous plus? jufques à quand vous verray-je irrité ? helas ! au moins fi je meurs, que je ne meure point de la mort immortele : car chez elle on n'a point memoire de vous. On ne chante point voftre Nom facré, on ne vous loüe point dans l'Enfer: pour duquel m'affranchir, pour appaifer voftre ire, pour lauer mes foüilleures, frappez s'il vous plait de voftre myftique verge le rocher de mon cœur, & faictes rejallir par ces cauez tuyaux deux viues fources de larmes repentantes, qui arrofent ordinairement mon lict adueillé, fous le voile ombreux de la nuict : faictes que mes yeux, que mes fens enuieillis fous les pipeufes fraudes de l'impofteur Demon, entre les amorçantes delices du monde, & parmy les corrompus chatoüillemens de la chair, renouuelez abhorrent & deteftent deformais ces ennemis mortels. Faitez qu'armé de voftre grace, je repouffe bien loin tous ces ouuriers d'iniquité, à fin que libre, & con-

folé tous les jours reſtans de ma vie, je pſalmodie d'vne voix
épurée la grandeur de voſtre bonté, qui pitoyable à mes cris,
a mis bas le glaiue de ſa juſtice, au premier ſouſpir de ma repentance, qui m'a fourny dequoy couurir de honte, & de
confuſion tous mes haineux conjurez à ma perte : & qui (me
repurgeant de tant d'infames ordures) m'a faît capable du
Ciel, oü vit, & regne eternelement le Pere le Fils, & le
ſainct Eſprit.

PSEAVME XXXI, ET SECOND
DES PENITENTIAVX,

Beati quorum, &c.

I.

D E tous les dons gratuits la grace eſt le
    Greigneur,
Heureux le criminel qui l'obtient du
    Seigneur.
Bien heureux, qui tapit ſous l'abry de
    ſa grace.
Tres-heureux qui pour voir abolir ſes pechez,
Ne les colore point, ne les tient point cachez,
Ne flate point ſon tort, ne dement point ſa trace.

I I.

Tandis que ie taiſoy ces maux contagieux
Ie couuoy dans mes os leur germe vicieux :
Maint bourreau, maint torment talonnoit mon ſilēce.

Soit qu'au sein de Thetis le grand Oeil fit seiour,
Soit que l'Aube au crin d'or nous r'alumat le iour;
Je sentoy de ses fleaux la rude violence.

I I I.

Ie sentoy, Iusticier, Punisseur, ie sentoy
Ton bras armé de foudre appesanty sur moy:
Ma vie à mille morts languissoit asseruie.
Mon Corps se flétrissoit comme la ieune fleur
A qui du Sirien la brulante chaleur
A dérobé l'humeur nourrice de sa vie.

I V.

A la fin r'aduisé i'ay mon mal decouuert.
Et dés que i'ay mon flanc, que i'ay mon cœur ouuert
Voilà de ton courroux la tourmente arreſtée.
Soudain tu m'as, benin, la santé redonné;
I'ay confessé ma faute & tu m'as pardonné.
J'ay recognu la debte, & tu me l'as quitée.

V.

Pource, ô Pere clement, les tiens s'esioüiront:
Tandis qu'il en eſt temps les Saints te prieront;
Mais que les obſtinez n'ayent à toy refuge,
Trop tard les criminels auront à toy recours
Quand tes souffreux torrens déborderont leurs cours
Pour rauager ce Tout par vn nouueau deluge.

V I.

Donc l'orage preueu ie regaigne le port.
Ma liesse, mon Dieu, sauue moy de la mort:
Iô! n'entens-ie pas ta voix qui me console?

Courage (.me dis-tu) i'ay ton salut tres-cher :
Voicy, ie te donray mon Esprit pour Nocher,
Mon œil sera ton Ourse, & ma loy ta Boussole.

VII.

Mais ne soy pas semblable au rebelle Poulain
Qui romp le cauesson, qui secouë le frein
N'imite le Mulet engourdy de paresse,
Souffre que la raison bride tes volontez.
Ne t'endorts point au lict des molles voluptez,
Et suy le beau sentier, où mon Phare t'adresse.

VIII.

Nombreux seront les fleaux des pecheurs endurcis
Innombrables seront du grand Dieu les mercis
Enuers les repentans, rauiuez d'esperance.
Vous, qui hayez la fraude, & la Iustice aimez
Comblant vos cœurs de ioye, au Seigneur desormais,
Attachez vostre gloire à la perseuerance.

IX.

Soit le Pere tres-sainct, soit le sainct Vierge-nay,
Soit l'Esprit sainct tousiours de gloire couronné :
Soient les murs de ce rond parez de ses loüanges.
Nous auons des Ayeux cette gloire herité.
Cet âge la rechante, & la posterité
La dira non suiette à nos mortels échanges.

On Dieu que l'homme est bien-heureux, à qui
vous auez gracieusement pardonné ses offenses,
duquel vous auez couuert les pechez, sous les
courbez replis de vos infinies misericordes, & au-

quel vous ne remettrez jamais plus en compte les infernales obligations de ſes antiques méfaits. Mais, quel eſt l'homme capable de cet heur ? C'eſt, c'eſt celuy ſeulement, qui épuré par voſtre grace de dol, & d'hypocriſie ne maſque point d'vne fauſſe juſtification externe ſes injuſtes déportemens : ains qui d'vne naïve franchiſe vous ouure librement ſa poitrine, & s'accuſe fidelement de ſes coulpes ; helas ! tant que i'ay teu les miennes ſous la diſſimulation d'vn feint deuoir ordinaire, i'ay veu mes os s'enuieillir ; c'eſt à dire, mes inclinations pechereſſes paſſer en habitudes, & ces habitudes s'empierrer au verglas de l'obſtination ; C'eſt pourquoy i'ay ſenty jour & nuict voſtre main vengereſſe iuſtement appeſantie ſur mon dos criminel. En fin, comme eſueillé d'vne profonde lethargie par les poignantes verges de voſtre courroux, i'ay mis fin au déguiſement de mes pechez ; je vous ay librement découuert la ſentine de mes ordures : & dés auſſitoſt que i'ay dit en mon cœur ſeulement ; je confeſſeray librement à mon Dieu toutes mes injuſtices, voſtre miſericordieuſe clemence m'a remis la debte de leurs impietez. Ainſi fera toute ame diſpoſée à ſanctification, & vous offrira (pour obtenir la meſme mercy) ſes fideles vœux, tandis qu'elle en a le temps oportun en cette vie : de peur que ſubmergée en fin du deluge de voſtre ire, l'approche de voſtre grace ne luy ſoit interdit. Or ſus donques, mon Pere celeſte, vous eſtes mon refuge, vous eſtes mon haure aſſeuré, ou réchapé, du naufrage, & tout moite encor' de ſes flots, je ſuis venu ſurgir, ſous le jour de vos ſainctes pruneles : Mais ie vois encor' ma foiblette Naſſelle entourée, & menacée de mainte écumante vague. A l'ayde, mon Pilote, au ſecours ma lieſſe, calmez cette renaiſſante tempeſte, & s'il faut que je demare encor pour ſingler en la haute mer de ce monde, guidez mon ti-

Timon douteux, éclairez moy de voſtre flambeau eternel,
& me r'amenez touſiours aborder au port de vos graces..
Non par les rudes coups d'vn orage pareil à celuy, qui vient
de marteller mon dos, ains par les fauorables zephyrs de vos
douces pitiez. Que ſi dauanture mon cœur ingrat & dur, ſe
rend ſemblable au ſuperbe cheual, au fantaſque Mulet, ſur
leſquels rien ne peut que le mords, & le cheueſtre ; reprenez,
reprenez la bride, l'éperon, & la houſſine pour le redomter.
Car au moins les tormens de mon corps réchaperont mon
ame, qui parmy les fleaux des pecheurs ſe cõſolera de l'eſpoir
de vos miſericordes dont les juſtes enuironnés ſe reſioüiſſent,
& glorifient en vous, en qui, auec qui, & par qui ils croyent
de reuiure ez ſiecles des ſiecles.

PSEAVME XXXVII. ET TROI-
SIEME DES PENITENTIAVX

Domine ne in furore tuo, &c.

I.

A Llumé de courroux, boüillonant de
     fureur
Ne m'examine pas, ne punis mon erreur,
O grand Dieu. Quoy! faut-il qu'à ce
     coup ie patiſſe
Les traicts de ta rigueur ? ils ſont deſia fichez
Bien auant dans mon cœur, la main de ta iuſtice
Les a deſia ſur luy rudement decochez.

II.

Depuis que i'ay senty ton ire s'approcher,
Mille, & mille trançons emmaladent ma chair :
Mon Ame est aux assauts d'vne cruele guerre.
Pource qu'elle a receu les soudards de la mort,
Qui renforcez ont mis ses defenses par terre,
Et recourbé son chef sous leur pesant effort.

III.

Las ! mes vlceres vieux, desia cicatrisez,
Maintenant repourris, maintenant recrusez
M'apprennent que souuent la recheute est mortelle.
Accablé de tristesse & de douleur recuit
Comme vn tendre bourgeon que l'orage martelle
Elangouré ie traine & le iour, & la nuict.

IV.

Mes reins couuoient les feux de la folle Cypris,
Et de ses feux éclos tout mon cœur fut épris :
Pource ie suis playé des fleches de ton ire,
Foüeté iusques au sang ie pleure mon erreur,
Ie pousse dans le Ciel les cris de mon martyre,
Comm'vn Lyon blessé rougissant de fureur.

V.

Seigneur, tous mes desirs à tes yeux sont ouuerts
Mes souspirs, & mes pleurs ne te sont point couuerts :
Mon courage est troublé : ma force m'abandonne.
Ia la nuict de la mort va mon iour éclipsant
Ie n'ay point de parent à ce coup qui me donne
Secours ; & mes amis me vont tous delaissant.

VI.

Tous ceux, qui m'assistoient s'écartent loin de moy,
Mes enuieux nageans au sang de mon émoy
S'efforcent d'abysmer dans l'Auerne mon ame.
Ils vomissent sur moy le fiel de leurs rancueurs,
Chacun deux à l'enuy s'honnore de mon blame.
Et me pipe inhumain de cent propos moqueurs.

VII.

Et moy, ie fay du sourd, ie demeure sans voix,
A fin de n'abboyer à ces cruels abbois :
Pource qu'en toy mon Dieu i'ay mis mon esperance.
Pour ce que ie suis seur d'obtenir ta mercy.
Miserables moqueurs ne moquez ma souffrance,
Le bras du Tout-puissant n'est pour vous racourcy.

VIII.

Pour moy ie me dispose au supplice ordonné,
I'ay pour iamais mon ame au dueil abandonné.
Je veux prescher par tout l'horreur de mon ofense.
Je ne veux rien penser qu'au mal que i'ay commis.
Mais qu'est-ce que ie voy? Seigneur, pren ma defense
He! voicy l'escadron de mes durs ennemis.

IX.

Les voicy, mais plus forts, mais plus fiers que deuãt,
Plus ie suis abbatu, plus ils vont s'éleuant :
Sans doute ils forceront le fort de mon courage,
Si ie ne suis grand Dieu de ta main defendu.
Ne m'abandonne point à leur felonne rage:
Ains me donne d'enhaut le secours attendu.

Que le

X.

Que le Criſtal voûté, le premier mouuement,
L'Azur ferme, l'Errant, le quadruple Element
Chantent du triple-Iod la gloire étincelante,
Cette gloire a roulé par tous les ſiecles vieux,
Et comme elle eſt encor elle ſera brillante
Apres le feu qui prompt deſertera ces lieux.

Gloria.

Sicut.

 E reuoicy, mon Prince, aux pieds de voſtre Ma-
jeſté, pour d'vn cœur proſterné d'humbleſſe, &
bouffy de douleur, vous ſupplier tres-humblement, de ne faire plus comme Iuge ſeuere l'exacte
recherche de ma vie, ny la juſte punition de mes demerites ;
mais de vous contenter comme Pere benin de la correction
pitoyable. Helas ! les ardentes ſagettes de voſtre ire perçant
ma poitrine à jour, ont deſia gangrené ma chair, la foudre
de voſtre courroux a deſia broye mes os en poudre : mon
cœur eſt ordinairement bequetté du remords de mes forfaits : & mon petit tout (ayant perdu ſa paix domeſtique au
ſeul bruit de voſtre fureur) penche irremediablement à ſa
diſſoulte par les violens aſſauts de voſtre vengence preſente,
& par l'effroyable aprehenſion de vos jugemens aduenir.
Or je ſçay bien que pour guerir les maux, qui me tenaillent,
& réchaper aux plus horribles dont je ſuis menacé, vous demandez ma conuerſion, & mon amandement : he ! i'ay bien
volonté (grace à voſtre Eſprit ſainct) de franchir ce foſſé :
mais je ſuis retenu par derriere de mainte, & mainte attache.
Premierement mes crimes innombrables entaſſez l'vn ſus
l'autre ont recourbé ſur ma teſte vn ſi peſant fardeau, qu'il
me ſemble ne pouuoir euiter d'en eſtre accablé. Apres le
nouueau pus, qui par mon nõchalloir a recouuert mes vieiller

C

playes, tant de fois par voſtre bonté cicatrizées , me les fait
aprehender deſormais incurables : dont je ſuis ſi extreme-
ment adueillé : que le Soleil ne me voit plus qu'abatu , triſte
& miſerable, ſans borne & ſans meſure. Mais ce n'eſt pas encor là mon pis, i'ay tous les reins pleins d'illuſions, je dy toute la partie concupiſcible de l'ame tellement amorcée des
enyurans apaſts des fauſſes voluptez, qu'elle a pipé la raiſon-
nable, & luy a ſouſtraiĉt ſon gouuernement. Ma baſſe volonté a ſi violentement gaigné le deſſus à la ſupreme, & tellement hebeté mon jugemēt par la longue accouſtumāce à pe-
cher, que je perds le cœur, & la force requiſe, pour me forcer
moy meſme au repentir, & me releuer du profond abyſme où
je me ſuis precipité. Vous le ſçauez, Seigneur, qui déchiffrez
mesplus ſecrets deſirs: qui oyez mainte rugiſſāte plainte dont
je frappe le Ciel: vous ſçauez où pour cette occaſion maintefois la douleur m'a reduit : & ſçauez auſſi combien à ces em-
péchemens de ma reformation apportent tous les jours de
nouueles forces, mes amis , & mes ennemis : ceux-là, me
nourriſſans par mille piperies dans les bourbiers, où nous
ſommes enſemblement veautrez, & me diſſuadans par leurs
charmans ſophiſmes le changement propoſé : & ceux-cy
brocardans corrompus les premiers traiĉts de ma nouuele
vie, & peignans en mon imagination (je parle des Demons)
mille & mille Chimeres pour me détourner de cette empriſe
ſainĉte. A tous ces violens efforts i'auoy bien fait vn boule-
uart du ſilence, & de la ſourdeſſe : mais il bouleuerſe à tous
coups. Pource, c'eſt de vous ſeul de qui i'eſpere ma defenſe
aſſeurée, vous m'exaucerez donc, s'il vous plait, & ferez taire ces langues ſerpentines, qui me reinfeĉtent de leur venin,
dés que je commence à guerir, & qui par leurs moqueries
poignantes, pouſſent maintefois ma foibleſſe au deſeſpoir.

Que ſi vous m'aſſiſtez de voſtre ayde, i'enfonceray la pier-
reuſe carriere de ma penitence deliberée , & porteray pa-
tiemment les vtiles fleaux de voſtre correction. Ie paſſeray
ordinairement deuant les yeux de ma memoire mes fautes
deteſtables : & les deteſtant, les confeſſeray publiquement
pour voſtre grandeur, & mon rauallement. Mais las ! je voy
que ces impoſteurs multipliez qui trament ma défaite, me
dreſſent mille embuches nouuelles pour m'empécher de ſui-
ure ce chemin de ma juſtification. Pource je vous ſupplie
à joinctes mains , ne vous departez pas d'aueques moy: ne
m'abandonnez point,ains vous tournez du tout à mon ayde.
Car c'eſt de vous, mon Seigneur, mon Dieu, de qui i'eſpere
mon ſalut, parmy les ſanglants combats de cette periſſable
vie, & parmy le durable repos de l'autre , où vous viuez &
regnez auec voſtre Fils, & voſtre Eſprit ſainct en eternité.

PSEAVME L. ET QVATRIESME

DES PENITENTIAVX

Miſerere mei Deus, &c.

I.

Seigneur debonnaire ouure à ce vicieux,
De tes douces.pitiez le treſor precieux.
I'implore tes pardons,ta clemĕce i'ĕbraſſe.
Mes pechez ſont affreux,dignes de mille
     Enfers.
Mais à quoy te vaudront ma priſon, & mes fers ?
Paſſe ſur mes forfaits l'éponge de ta grace.

C 2

II.

Bon Dieu tu m'as souuent mes offenses quitté,
Mais tes pitiez n'ont pas vn nombre limité,
Sus, relaue moy donc & me repurge encore.
Je recognoy pecheur mes iniques pechez,
Mes pechez iour & nuict à mes yeux attachez,
Engendrent vn vautour, qui sans fin me deuore.

III.

A toy seul i'ay failly : deuant toy i'ay forfait,
Toy seul pardonne donc mon damnable méfait,
A fin qu'on te cognoisse, & iuste, & pitoyable ;
A fin qu'estant iugé tu demeures vainqueur
De tous ces mescreans, qui iugent dans leur cœur
Que tu ne seras plus à mes larmes ployable.

IV.

Voy, Seigneur, qu'en peché ma mere me conceut,
Que tout couuert de sang le maillot me receut,
Du premier Terre-nay retenant la teinture,
Ie ne m'excuse pas tu veux la verité :
Je la dy, i'ay méchant ton courroux irrité :
Mais ie te pry regarde à ma foible Nature.

V.

Mon crime est (ie voy bien) d'autant plus odieux
Que m'ayant éleué iusqu'au Ciel radieux
Tu m'ouuris les cayers de tes plus hauts mysteres.
Mais d'autant plus aussi paroistra ta bonté,
Si d'vn pardon plus grand mon crime est surmonté,
Si tu rends à ce coup tes rigueurs moins austeres.

VI.

De l'hyssope trempé dans le sang de l'Aigneau,
Par sept fois de ta main arrousé de nouueau,
Tu me nettoyeras de ma lepre rebele :
Tu me relaueras, & me rendras ainsi
Qu'vn nuage ondoyant par le froid épaissy
Qui blanchit pur & net sur le dos de Cybele.

VII.

En mon étonnement, tu me feras oüir
Ta douce voix, qui peut le pecheur resioüir,
Et mes os abatus sauteront d'allegresse.
Mais pourquoy sont tes Reaux si long temps irrités?
Détourne les, Seigneur, de mes iniquitez,
Et mes deuoyemens par ton phare redresse.

VIII.

Recrée en ma poitrine vn cœur franc de peché,
Qui des traicts de mes sens ne puisse estre breché,
Qui ferme, qui fidele ailleurs ne diuertisse.
Repurge diligent cette vielle prison :
Et muny le rampart de ma foible raison
D'vn esprit amoureux de ta saincte iustice.

IX.

Ne m'éclipse le iour de tes yeux bien-aimez,
De ton Feu, ton Amour ne me priue iamais,
Fay moy la Pyralide éprise de sa flamme
Rends moy de ton Salut en ton Verbe esperé
La ioye tant promise, & le fruit desiré,
Et conferme, & console en Toy-mesme mon ame.

X.

De ta grace animé par mes propos trenchans
Je graueray tes loix dans le cœur des méchans,
Et les r'ameneray sous ton obeissance :
Deliure moy de sang, à fin que glorieux
I'entonne desormais d'vn ton melodieux
Ta puissante iustice, & ta iuste puissance.

XI.

O Pere, ouure ma bouche, & ce grand vniuers
Chantera ta loüange en ces fideles vers,
Et te dira ployable à l'humble penitence :
Qui n'aimes point le sang, ny la chair des taureaux,
Qui ne veux (pour l'odeur de ces bruslans troupeaux)
Que le cœur humble, triste, & plein de repentence.

XII.

Beny donques Sion par ta benignité,
Edifie les murs de ta saincte Cité,
Où tu dois reçeuoir le iuste sacrifice
De ton Verbe incarné : Sacrifice immortel,
Qui mille fois, & mille offert sur son Autel
Seul étançonnera tout ce grand Edifice.

XIII.

Alors tu receuras mille deuotions
Des pieux Confesseurs pour tes oblations :
Les Martyres constans seront tes Holocaustes.
Alors sur ton Autel pour tes antiques veaux
Au feu de ton Amour mille peuples nouueaux
Brusleront sans brusler comme ieunes Pyraustes.

XIV.

Que l'Eternité saincte en son infinité,   Gloria.
Grosse du triple los de la Trine-vnité,
Feconde tout ce tout des surgeons de sa gloire.
Cette gloire étoffée ez cœurs de nos Ayeulx,   Sicut.
Vit or' parmy leur race, & nos plus bas Nepueux
La verront tousiours viue au front de la memoire.

GRace, mon Prince, grace à ce criminel miserable; c'est à ce coup qu'il est besoin d'étaler, non pas seulement vos equitez pitoyables, mais vos absolues & souueraines misericordes. Helas! je vous en supplie & resupplie tres-humblement, par ces innombrables pitiez à tant d'autres pecheurs, & à moy mesme si souuent départies qu'il vous plaise rayer sur vostre liure l'obligation de mes nouuelles debtes. Renetoyez s'il vous plait mes souilleures, & me quittez misericordieusement, & la coulpe, & la peine de mes abominatiōs, que je recognoy fort bien dignes de mille geines, par l'effroyable horreur qu'elles representent ordinairement à mes yeux, m'époinçonnant à tous momens de crier, comme je crie à ce coup, mon Dieu, je vous ay seul tres-griefuement offensé. I'ay tres-irreuerēment prophané la venerable presence de vostre Majesté. Seul (dis-je) pource que l'offense mesme, que i'ay commise contre mon prochain, est en fin principalement contre vous, qui m'auez defendu de l'offenser. Seul (dis-je) pource qu'estant vostre Oinct, vous estez seul mon souuerain, & seul qui me pouuez chastier. Vous seul donques abolissez mes crimes, à fin que vous fassiez reluire en moy la verité de vostre parole, qui a promis grace à tout pecheur repentant : & à ce que vainquiez le jugement temeraire du desespoir, qui vous croit sans mercy.

Ie pourroy bien par forme d'attenuation, vous reprefenter ma foibleffe, & les violentes inclinations à mal faire dont les reins de mon Pere, & l'amarry de celle, qui me conceut ont femé dans mon cœur vne pepiniere feconde. Mais fçachant comme vous aimez fingulierement qu'on parle à vous en pure verité : & recognoiffant que ces penchemens naturels au vice, ne m'y euffent point forcé, fi je n'euffe voulu: mefmes eftant particulierement fortifié de voftre Efprit, qui m'auoit fait capable des plus hauts, & plus releuez Myfteres de voftre loy : i'abandonne (comme je dois) toute excufe, & recours fimplement à voftre Clemence. Trampez donques l'hyffope de vos paterneles pitiez dans le fang innocent de l'Aigneau pur & fainct, voftre Fils bien-aimé; & m'en arroufez du fommet de la tefte jufques à la plante des pieds. Soudain je feray par ce lauatif precieux, non feulement nettoyé, mais tellement épuré, que je terniray la blancheur de la nege. Comblez mon ame de lieffe par le rétabliffement de la paix, que la guerre ciuile de mes fens luy auoit dérobé : & releuez par vos r'auiuantes confolations mes efprits terraffez : détournez l'épouuantable face de voftre juftice du front horrible de mes pechez, & en effacés la memoire, rebaliez le fiege de mes affections, & r'allumez d'vn fainct feu mes entrailles. Ne m'efloignez point du vifage ferain de vos pitoyables douceurs; & bien que i'aye ingratement traitté voftre Efprit fainct, ne me l'oftez pas pourtant s'il vous plait, ains me rendez la ioye perduë de voftre bien-veuillance par le fouuerain bien repromis en voftre Verbe, porteur du falut eternel: me confermant, & fortifiant en ce bien-eftre par cette mefme brillante Colomne, fans l'appuy de laquele je recherroy auffi toft que je feroy releué. Faites fondre fur moy cette langue de feu, & je prefcheray fi viuement de parole, & d'exemple

les deuoyez

les deuoyez, que maint, reuenant à bon fens fe conuertira,
& fera penitence de fes reuoltes. Encore, encore, mon Dieu,
grand Dieu de mon Salut, ie vous fupplie deliurez moy de
mes fanglantes attaches, & repurgez mes veines du fang
corrompu dont elles bruniffent, lors mon gofier enflé de
ioye rechant ra vos bontez juftifiantes : que fi bien mes le-
ures font collees de la tenante glus du peché, i'efpere que
vous les ouurirez, & les rendrez habiles d'annoncer vos
loüãges. Pour le Coriphee defqueles je feray refonner les ce-
leftes voutes de cette verité, que vous n'agreés point les antiques Sacrifices d'eux-mefmes pour la remiffion de nos
coulpes : car helas ! fi vous en euffiez voulu, quelle victime
vit fur la terre que je ne vous euffe immolé ? Mais que vous
demandez feulement pour tout holocaufte vn cœur humble, & contrit que vous ne reietterés jamais. l'adioufte encor
vn chef à ma requefte, & vous fupplie, Seigneur, tres-affe-
ctueufement qu'il vous plaife faire (ainfi qu'à moy) miferi-
corde à cet Eftat affligé, & à la defolée ville de ma naiffance,
fur qui (auffi bien que fur moy) mes iniquitez ont armé voftre bras de foudre, rendez leur s'il vous plait le jour de voftre faueur, que mes demerites leur ont éclipfé. Beniffez de
mefme voftre chere Sion, & releuez les murs de voftre Hie-
rufalem, de voftre Eglife faincte, en laquele çà bas vous ac-
cepterez le facrifice de juftice, auec les deuotes offrandes des
juftes : & là haut (où elle eft triomphante) les vœux, & les
Cantiques, qui par les Eleus vous font, & feront rechantez
eternelement.

D

PSEAVME CI, ET CINQVIEME
DES PENITENTIAVX,

Domine exaudi orationem meam,&c.

I.

Xauce ma priere à longs traicts élancée,
O Seigneur, & permets que mon ame
   opressée
Pousse iusques à toy les cris de sa douleur.
Ne détourne ta face, ains me preste l'o-
   reille,
Et tousiours quand mon cœur t'ouurira son malheur
Verse benin sur luy ta douceur nompareille.

II.

Non autrement qu'on voit d'vne torche allumée
Par le vague de l'air se perdre la fumée
Ainsi i'ay veu mes iours se perdre en vn moment:
Mes tristes os vuidez d'humeurs & de moüeles,
Décharnez, & recuits au feu de mon torment,
Sont prests d'estre allumez comme seches brindeles.

III.

La violante ardeur de ma longue misere
Et les brulans éclairs de ta iuste cholere
Comme l'herbe fauchée ont mon cœur desseiché.
Le ieusne m'a la chair, & la force rauie,

La maigreur a mes os a l'écorce attaché :
Les pleurs ont épuisé les sources de ma vie.

IV.

L'Hoste des cois deserts de l'Egypte fumente
Etrangle ses petits, puis se deult se tormente
Se tue, & de son sang les remet en vigueur ;
De mesme i'ay la vie à mon ame rauie,
Ie lamente sa mort, & matté de langueur,
Ie veux par mon trépas luy redonner la vie.

V.

Comme vn Hibou plaintif haineux de la lumiere,
Ie m'écarte, ie fuy la maison coustumiere,
Iamais le doux sommeil ne vient siller mes yeux.
Ie ressemblę à l'oiseau qu'on nomme solitaire,
Ie vay cerchant retraicte aux plus funestes lieux,
Ie veux cacher mon mal, & si ne puis le taire.

VI.

Mes haineux (qui flatoient n'agueres mon offense)
Me reprochent mon mal, me laissent sans defense
Et m'offrent, coniurez, millé apasts venimeux :
Puis degorgent sur moy cent, & cent durs allarmes ;
Pource qu'au lieu de fondre en delices comme eux,
Ie me repais de cendre, & m'abreuue de larmes.

VII.

O Dieu, i'ay rencontré ta face courroucée,
I'ay tout le corps meutry, i'ay la teste froissée :
Car tu m'as culbuté du plus haut au plus bas ;
Plein de chagrin, d'ennuy, de misere, & d'encombre

Comme le foin ie seche, & loin de tous ébats
Dy que nos iours ne sont, que la fuite d'vne ombre.

VIII.

Au contraire, Seigneur, ton Estre n'est passable,
Que donques l'Immortel sauue le perissable,
Que sur moy ton courroux ne s'eternise pas.
Ie sçay que tes pitiez, tes bontez paterneles
Veulent l'amandement, & non point le trépas.
Et qu'ainsi que toy mesme elles sont eterneles.

IX.

Vn iour comme éveillé du bruit de nos discordes
Tu combleras Sion de tes misericordes,
Et ie pourray ioüir du pardon que i'atends.
Grand Dieu de nos Ayeux, œillade leur engence,
Il est temps, ô Seigneur, ô Seigneur, il est temps
De retirer les fleaux de ta iuste vengence.

X.

Nos cœurs (qui de Sion sont les pierres viuantes)
Repolis au cizeau de nos peines feruentes
Plaisent à tes seruans, touchez de nos douleurs.
Tes seruans effroyez de nos maux effroyables
Pour deliurer Sion de ces frequens malheurs
Te presentent la voix de nos cris pitoyables.

XI.

A ce iour magnifique, à ce iour memorable
Que ta grace, ô grand Dieu, nous sera secourable
Les peuples, les Sceptrez sous ton Nom trembleront :
Car tu releueras ta Cité debifée,

Et feras voir à ceux, qui la regarderont
Ta gloire triomphante en cent lieux étofée.

XII.

Ils verront ta grandeur à la pitié ployable,
Qui les humbles reçoit d'vne ioye incroyable,
Et ne mespriſe point, ny leurs cris, ny leurs vœux.
Sus qu'on graue ce iour en lettres perdurables
Sur l'Autel Mnemoſide, à fin que nos Nepueux
Loüangent du Seigneur les douceurs admirables.

XIII.

Car dés qu'il a d'enhaut noſtre peine cognuë
Il a fendu le Ciel, il a percé la nuë,
Pour œillader le point de ce bas Element :
A fin de voir les pleurs de la troupe enchainée,
De rauir noſtre engence à l'eternel tourment,
Pour le ſang des Ayeux à la mort condamnée.

XIV.

A fin que ces captifs chantent leur deliurance,
Qu'ils perfument Sion du los de ſa clemence,
Que dans Hieroſolyme ils annoncent ſes loix :
Que mille nations diuerſes en ramage,
S'vniſſent en ſon Nom : & que les plus grands Roys
Mettent bas leur couronne, & luy faſſent hommage.

XV.

Ie ſens bien approcher cette rançon promiſe ;
Mais ie crain que pluſtoſt ie ſois à la remiſe :
Pource (encor' en chemin) ie t'appele au ſecours.
Monſtre moy donc la fin de mes courtes iournées,

Ne retranche ma vie au milieu de son cours,
Marque en moy l'infiny de tes sainctes années.

XVI.

Dés le commencement ta main non imitable
Affermit sur le rien cette terre habitable,
Tendit les sept rideaux, cloüa le Firmament,
Tout cela vieillira, leur forme perissable
Perira; mais toy seul vis eternelement :
Tout le reste n'est rien qu'vn Oeillet fletrissable.

XVII.

Il est vray que des tiens la fidele semence
Verra communiquer par ta douce Clemence
Ta Nature immortele à son humanité.
Les iustes épurez au fourneau de ta grace,
Dans le sacré Palais de ton Eternité,
Verront briller vn iour les surgeons de leur race.

XVIII.

Gloria.   *Flãbeaux, œils de ce Tout, bourgeois du Ciel Empyre,*
Et vous dont la poitrine, & respire, & souspire,
Rendez loüange & gloire à l'alme Trinité :
Sicut.   *Tous les siecles passez, ont marqué glorieuse*
(Ainsi que le present) cette Trine-vnité.
Et sa gloire sera du temps victorieuse.

Yez, accordez, Seigneur, s'il vous plait ma demande, & permettez que mes cris (perçant les
voutes étoillées) donnent iusques au Trosne de
vôstre Majesté, que je supplie tres-humblement
ne tourner point le dos à ma necessité, ains flechir vn peu la

roideur de fa juſtice à la commiſeration ſecourable du troublé journalier qui m'afflige. Mais je dy promptemēt, car deſia
mes plus beaux jours ſont éuaporez en ſubtile fumée (comme le Mercure au feu de l'Alchimiſte) & mes os roſtis aux
braiſes de mille ennuis, s'en vont reduits en cendre. Mon
cœur n'agueres ſemblable aux fleurettes d'Auril, frapé de la
foudre de voſtre courroux ; eſt deuenu ſec, comme l'herbe
fauchée ſous l'Auant-chiē, ayant oblié (tant il eſt élangoré)
ſon aliment ordinaire. La gluante humeur de mes pechez
continuels recuite au ſouffre de mes ſouſpirs, a collé ma peau
ſur mes os. Effarouché par la ſombre triſteſſe, je fuy le jour,
& la conuerſation des hommes, comme le Pelican en la ſo-
litude, ou comme le Chat-huan en la vieille maſure. Et quand
le doux repos de la nuiɛt donne trefue aux trauaux des autres, éueillé, je lamente comme vn Paſſereau ſolitaire ſous
l'obſcur de ſon toiɛt. Tandis mes ennemis regardant, les yeux
riants, mon afflɩɛtion ſe moquent de moy, & ceux qui huil-
loient ma teſte de benediɛtion, & m'endormoient au chant
de leurs piperesſſes loüanges, coniurent maintenant ma ruy-
ne, me voyāt reduit à telle extremité, que mon gouſt émouſſé
ne ſçait plus differanter le froment de la cendre, ny la boiſſon
du vin, du breuuage des larmes. Bref, mō Dieu, je voy voſtre
défaueur ſi apparante, & voſtre front telement heriſſé d'in-
dignation, qu'il ſemble que vous ne m'ayez honnorable-
ment éleué, que pour me faire prendre vne miſerable cheute.
Ha ! ha ! que dis-je ? ſi bien le printemps de mon âge eſt diſ-
paru comme vn ombre, ſi bien mon plus bel émail eſt fené,
ſi croy-je qu'ainſi que vous eſtez immuable, voſtre promeſſe
eſt infallible. Or m'ayant promis le pardon, j'eſpere qu'en fin
vous me le dourrez, & croy certainement que bien-toſt, fai-
ſant leuer ſur nous le Soleil de voſtre pitié, vous ſecourrez

voſtre ſeruiteur demy-mort,& voſtre maiſon deſolée.Helas!
Seigneur, ſi c'eſt voſtre bon plaiſir: il en eſt ores bien temps:
car nous ſommes accablez ſous l'inſuportable faix de nos
maux, ſi que vos Paranymphes celeſtes (qui cheriſſent nos
ames Chreſtiennes comme les pierres dont voſtre ſaincte
Sion eſt baſtie) en ſont émeus à compaſſion. He! vous ne
ferez pas pluſtoſt briller ſur nous le premier ray de vos graces, que la Gent la plus éloignée de voſtre cognoiſſance re-
doutera voſtre nom ſacré : que les Roys, des confins de la
terre les plus incogneus ſe rendront hommageables à voſtre
grandeur, recognoiſſant auec nous que vous eſtes le vray
Architecte du vray & de l'Eternel Edem:que ce bas vniuers
n'a jour que des brandons de voſtre gloire : que c'eſt vous
qui voyez pitoyablement les tormens de tous les humains :
& qui ne dedaignez point les prieres des humbles. De moy
i'annonceray tous les jours de ma vie aux viuans l'infinité de
vos miſericordes, & (ſi les humbles traicts de ma plume le
peuuent.) i'en lairray les ſouuenans characteres à la poſterité,
je diray aux preſens, i'eſcriray aux futurs, que voſtre Majeſté a bien daigné de regarder de ſon plus haut ſanctuaire
noſtre infinie habitacle, à fin de briſer les ceps de nos eſcla-
ues Ayeux, & r'auiuer les enfans morts eternelement par la
mort de leurs Peres. Ie publieray à l'vn,& à l'autre ſiecle que
l'aymant rauiſſeur de vos douces pitiez a ſeul atiré les poitri-
nes ferrées des Princes & des peuples, & les aſſemblans à voſtre ſeruice les a ſainctement embouchées des cantiques de
vos loüanges, qui reſonneront immortelement ſous l'vne
& l'autre Sion.Mais,ô mon Pere benin,tandis que je m'aſſeure ainſi que voſtre grace approche, je crain que mes jours ne
deffaillent, pource je vous ſupplie n'en racourciſſez point la
trame à fin que je puiſſe voir cet heureux jour qu'Abraham,
& nos

& nos Peres ont tant fouhaité. Que s'il vous plait que je def-
poüille pluftoft cette écorce, foit felon voftre bon plaifir.
Toufiours fuis-je certain que ou en l'vne ou en l'autre vie,
& moy, & les defcendans de vos feruiteurs verrons l'accom-
pliffemēt du falut, que vous nous auez promis. Car bien que
la terre & les cieux (œuure de vos puiffantes mains) foient
fujects au chāngement, voire mefme à perir (au moins quand
aux accidens, & quand aux mouuemens naturels) toutefois
voftre parole eft immuable, ainfi que vos années font per-
manātes, & que vous eftes toufiours vn mefme à perpetuité.

PSEAVME CXXIX, ET LE SIXIEME
DES PENITENTIAVX

De profundis clamaui ad te, &c.

I.

E l'abyfme profond de ces calamitez,
Que ta iuftice ordonne à mes iniquitez,
A toy, Seigneur, ie crie : oy mon cry l'a-
mentable.
Permets que ton oreille, ô grand Dieu,
deformais
Attentiue à ma voix te difpofe à ma paix,
Je ne puis plus porter ce faix infuportable.

I I.

Si tu veux balancer les fautes des humains,
Qui peut (tant foit-il iufte) échaper de tes mains ?
Qui pourra foutenir l'effort de ta iuftice ?

E

Ie dure toutefois au feu de ces tormens,
Sçachant que tes pardons fuiuront tes chaſtimens,
Que ma grace eſtoit preſte auant que ie patiſſe.

III.

Pource donc qu'à toy ſeul appartient la mercy
(Mercy que ta bonté nous départ tout ainſi
Que le Pere à l'enfant) ta mercy ie reclame :
I'eſpere en ta mercy, que tu m'as repromis,
Et ſouſtien cependant l'effort des ennemis
Qui formillent armez pour détruire mon ame.

IY.

Que dés l'aube du iour, iuſqu'au iour finiſſant ,
Que des la fin du iour, iuſqu'au iour renaiſſant ,
Iſraël du Seigneur eſpere ſes defenſes:
Car la miſericorde abonde en ſes Autels,
Il a dequoy payer les fautes des mortels,
Il viendra racheter de Sion les offenſes.

V.

Gloria.   *Gloire ſoit au grand Dieu qui ce Tout façonna,*
Gloire ſoit à ſon Fils, qui ce Tout rançonna,
Sicut. *Gloire à ſon Eſprit ſainct, qui fomenta les ondes.*
,, Cette gloire brillante à ce commencement,
,, Brille, & rebrillera ſans nul éclipſement
,, Franche du noir débord qui bornera les mondes.

Nglouty d'vn noir gouffre de maux, je pouſſe de
ſon centre, & du profond de mon cœur mes dou-
leureuſes plaintes, juſques à vous, Seigneur, &
vous ſupplie auec toute l'affection que je puis, de

donner l'oreille de voſtre pitié paternele à ma dolente voix.
Helas ! oyez donc, exaucez ma priere, & me donnez grace
de puiſſance abſoluë, ſans entrer en cognoiſſance de cauſe,
car ſi vous voulez particulierement diſcuter mes iniquitez,
comme pourray-je, ny homme, qui viue, ſouſtenir la moin-
dre attaque de voſtre juſtice ? ha ! non, je ſçay que la rigueur
eſt autant éloignée de vous, que le vuide eſt aliené de la
Nature : & pour ce fait capable par la lecture de vos diuines
loix, que vous eſtez la meſme miſericorde, ie ſupporte pa-
tiemment cet orage, qui gréle ſur mon dos, ſous l'eſpoir de
vos fideles promeſſes : c'eſt en vous, c'eſt de vous qu'il faut
touſiours bien eſperer, ſoit au matin de l'enfance, ſoit au ſoir
de la vieilleſſe, & au jour des proſperes ſuccez, & en la nuict
des aduerſitez. Car le bien faire, & le pardonner ſont le pro-
pre de voſtre Majeſté, abondante en clemence, & tres-libe-
rale des mercis requiſes pour nous ſauuer. Sauuez moy donques, & ſauués tout ce peuple, qui porte empraint voſtre
Thau ſur le front, ô grand Dieu de nos eſperances, & comme vous auez deliuré voſtre cher Iſraël de mainte ſeruitude,
deliurez nous de nos iniquitez, non ſeulement quand aux
coulpes paſſées les nous quittant, & quant aux futures nous
en preſeruant : mais encor s'il vous plait quant aux peines
temporeles, qui talonnent nos demerites: A fin que r'aſſeurez
de tant de frayeurs, nos ames tranquilles vous rendent immortelement graces, & vaquent deuotieuſement à voſtre
ſeruice, ſous l'inſpirante influence du Soleil eternel.

PSEAVME CXLII. ET LE DER-
NIER DES PENITENTIAVX,

Domine exaudi orationem meam, &c.

I.

Rince de la clemence apointe ma requeſte,
Qu'à ce coup ton oreille à m'entendre ſoit
    preſte,
Me reuoicy, chetif, de peché renoircy,
Reblanchy moy, Seigneur, ta iuſtice l'ac-
    corde,
Puis que ta verité m'a promis la mercy,
Tant que i'auray recours à ta miſericorde.

II.

N'appele en iugement mon ame mal-heureuſe,
Qui n'atend que l'Arreſt d'vne mort rigoureuſe,
Si tu veux minuter tous ſes déportemens :
Nul ſera trouué iuſte au poids de ta iuſtice.
Que ſi tous les plus ſainⷦts fuyent tes iugemens,
Où faut-il deſormais que ma faute aboutiſſe ?

III.

De mon fier ennemy cette ame pourſuiuie
A quitté le dongeon de l'eternele vie,
Et rampe terraſſée, éloignant ton flambeau ;
L'aduerſaire du iour ma conduit aux tenebres,

Mon cœur, comme enfermé dans vn obscur tombeau,
Ne sçait plus souspirer, que des plaintes funebres.

IV.

Mon esprit attristé, plein d'horreur, & de honte
Rameine ses vieux iours, ses offenses reconte,
Puis medite, & discourt les œuures de tes mains :
En fin voyant leur front verdoyant d'esperance,
Et toy prest à lauer les taches des humains,
Il se leue, s'éleue, & reprend asseurance.

V.

Poussé de cet espoir, ie cours les mains ouuertes
A toy, par qui seront mes pertes recouuertes ;
Puis alteré i'atten la rosée d'enhaut.
Non autrement qu'on voit les creuasses menuës
De cette terre aride, au plus extreme chaut
Atendre la moiteur, que respandent les nuës.

VI.

Haste-toy, mon secours, de secourir mon ame.   (me
Elle est presque hors d'haleine : ah ! mõ Dieu, ie me pas-
La force m'abandonne, & ma vie s'enfuit :
Las ! si ie perds le iour de tes sainctes pruneles
Ie tombe dans le lac de l'eternele nuict,
Compaignon du troupeau des ombres crimineles.

VII.

Donques au grand matin dés que l'alme courriere
De la sombreuse nuict déclorra la barriere,
Que ta misericorde arriue à mon secours :
Quelle adresse mes pas, & me serue de Phare :

Car c'eſt elle où ie viſe, à qui i'ay mon recours
Par ces poignants haliers, où mon eſprit s'eſgare.

VIII.

Deliure moy, Seigneur, de cette haineuſe race,
Apren moy ton vouloir, & me marque la trace
De tes iuſtes ſentiers, puis que tu ez mon Dieu.
Fay que de ton feu ſainct les flammes amoureuſes
Me conduiſent çà bas, & me guident au lieu
Où viuent en repos les ames bien-heureuſes.

IX.

I'eſpere que ta grace à mes cris ſecourable,
En faueur de ton Nom ſainctement fauorable
Fera reuiure encor ce pauure élangoré :
Qu'elle le tirera d'emmy ces durs alarmes,
Et croy que ta bonté que i'ay tant ſauoré
Vaincra mes ennemis par l'effort de leurs armes.

X.

Non autrement qu'on voit les nuës entaſſées
Par qui nous ſont du Ciel les clartez eclipſées
Au deuant du Soleil ſe perdre haſtiuement;
De meſme ie verray la troupe ramaſſée,
Qui trouble mon repos, ſe perdre en vn moment,
Par ton bras puniſſeur iuſtement terraſſée.

XI.

Tu perdras donc, Seigneur, cette homicide bande
Qui, pour troubler mon ame, aueuglement ſe bande
Contre tes volontez, à toute heure, en tous lieux.
O Dieu, puis qu'il t'a pleu de ta flamme diuine

Repurger mon esprit, guinde le dans les Cieux,
Fay qu'il s'aille reioindre à sa blanche origine.

XII.

Mon ame, & vous esprits, que son Esprit inspire,
Poussons du bord Indois, à l'antre de Zephyre,
De Borée, à l'Autan, ces trois celebres vers.
Soit gloire au Pere, au Fils, à leur Flamme durable   Gloria.
Telle qu'elle estoit lors, qu'on bastit l'vniuers,   Sicut.
Quele est, elle sera pour iamais venerable.

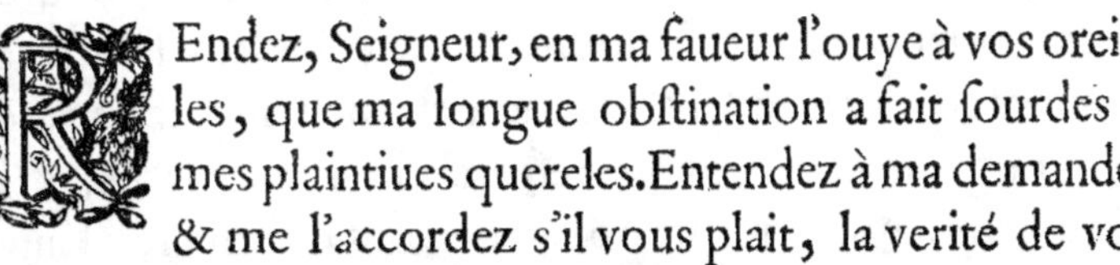

Endez, Seigneur, en ma faueur l'ouye à vos oreil-
les, que ma longue obstination a fait sourdes à
mes plaintiues quereles. Entendez à ma demande,
& me l'accordez s'il vous plait, la verité de vos
misericordieuses promesses vous y semond : & vostre justice
mesme (ores qu'elle requiere la punition des mefaits) con-
sent librement à ma grace : pource qu'il est tres-juste que
vous obseruiez ce que vous auez promis. Mais quitez-moy
tout à fait, sans entrer au particulier examen de mes comptes,
car le reliqua en seroit si grand, que mille ans de penitence ne
suffiroient pas pour y satisfaire. Helas ! comme ne seroy-je
point reliquateur, moy, qui ay si miserablement prodigué
vos tresors, puis que mesmes ceux, qui ont le mieux menagé
vostre talent, ne sçauroient justifier leurs emplois sur vos ju-
stes recherches. Ayez donques pitié de moy, qui ay esté cy
cautement pipé par les amorces de nostre ennemy commun,
qu'en fin il m'a fait ietter les perles de vos faueurs dans le
bourbier du peché : qu'en fin me sillant les yeux de la raison,
i'ay non plus apprehendé mon mauuais ménage que ceux,
qui tapissent dans l'obscur du tombeau, jusques à present,

qu'apres le meilleux appafts des voluptez il me iette à ion-
chées dans la bouche le fielleux abfynthe du repentir, auec
tant de diuers troubles en l'efprit, & tant de langueurs au
cœur, que je courroy promptement au defefpoir fans la con-
folante efperance que je tire du fouuenir des âges paffez (qui
fcintillant encor vos pardonnantes pitiez) & de la fommaire
apprinfe de vos œuures, qui portent toutes en la face vos fin-
gulieres mifericordes, fous l'abry defqueles me retirant à ce
coup, mon ame feiche à faute de voftre celefte rozée, comme
le fablon de Lybie a faute de pluye, tend & l'vne & l'autre
main vers le Ciel, & s'efcrie, Ouurez Seigneur, ouurez
promptement, & verfez abondamment fur moy les ruches
de vos graces : car je fens mefme defia deffaillir en moy ce
peu d'humeur vitalle, qui me refte; c'eft à dire, & la vie, & le
Chreftien remord, qui me poingt de vous crier mercy. Faites
leuer fur les tenebres de mes forfaits la matineufe Aurore de
voftre Clemence (nourrice de mes efperances) & ne détournez point apres voftre Soleil de mon foible zenit; de peur
qu'en l'aueuglement de fon éclipfe, je ne me precipite dans
le Lac infernal. Mes yeux à ce coup éclairez de fa belle lumiere leuent bien les pruneles en haut, & vifent bien au but
du falut eternel. Mais encor n'y fçauroy-ie donner, fi vous
ne dreffez plus particulierement & plus feurement ma vifée,
marquez moy donc le chemin droiét pour aller à vous, de-
liurez-moy de mes ennemis inuifibles, qui me tiennent, & les
vifibles, qui me troublent. Preferuez-moy du mal, qui vous
déplait, & me faites faire le bien, qui vous eft agreable: apre-
nez moy à defobeyr à la volonté de tous vos haineux, pour
obeïr fimplement, & feulement à la voftre : puis que feul
vous eftez mon Dieu. La foy que i'ay à voftre non-jamais
fautiere, parole fait que je me promets, non feulement cela de
vous,

vous : mais encor que vous me dourrez voſtre ſaincte Co-
lombe, qui ſecoüant la poudre dont je ſuis couuert au ſeul
tremouſſement de ſes aiſles, me portera ſur icelles au ver-
ger des Oliuiers immortels, pour l'amour de voſtre ſainct
Nom, qui ne ſonne rien que douceur & paix. Et ſi m'aſſeure
dauantage, que vous me retirerez de ce cruel abyſme de
maux, où les mauuais m'ont enfondré : que preuoyant pitoyable à l'aduenir, vous diſſiperez leurs coniurez deſſeins,
& que vous perdrez juſticierement tous ceux, qui ab-
bayent ma perte. Pource en fin que ſi bien fragile je
vous ay offenſé, ſi ay-je touſiours cet honneur de porter voſtre liurée, dont vous
me parerez, s'il vous plait,
immortellement.

PARAPHRASE
DE QVELQVES PSEAVMES
PAR LE MESME AVTHEVR.

PARAPHRASE DV PSEAVME
DE DAVID CXXXVI.

Super flumina Babylonis, &c.

I.

Annis de l'air natal, quand le ioug Ty-
rannique
Nous traina ſur les bords du flot Ba-
bylonique
Souſpirans eſtõnés en ces barbares lieux,
Ton image, ô Sion, roulant par nos penſées
Rengregeoit les regrets de nos ioyes paſſées,
Et détrempoit le ſable aux torrens de nos yeux.

II.

Nos luths pendoient muets aux ſaules du riuage
Quand ceux, qui triomphoient de noſtre dur ſeruage
Ennuyez, offenſez de nos triſtes façons,
Commandent que chacun ſon courage ranime :
Entonnez (diſoient-ils) les Hymnes de Solyme
Et nous reſioüiſſez de vos belles chanſons.

III.

He pourrions nous chanter des chanſons d'allegreſſe,
Ny deſſerrer les dents au fort de la détreſſe,
Qui nous porte aux abbois d'vn langoureux trepas?
Comme chanterons nous du grăd Dieu les Cantiques
(Diſiŏs nous en pleurăt) hors de nos ſainɔs Portiques,
Au pays eſtranger, qui ne le cognoit pas?

IV.

Belle & chere Salem, doux ſeiour de nos Peres,
Qu'ores te prophanant pour plaire à ces viperes
Nous perdions le reſpect de ton chair ſouuenir,
Ia n'aduienne : & pluſtoſt reſtent nos mains ſechées,
Pluſtoſt ſoient à nos dents nos langues attachées,
Que d'auoir ce reproche aux ſiecles aduenir.

V.

Seigneur, reſſouuien-toy des feux de cette engence,
De ces enfans d'Edom quand ta iuſte vengence
Les arma contre nous, pour nos debordemens,
Foudroyons (crioient-ils) détruiſons cette ville
Attrainons apres nous ſa peuplade ſeruille
Raſons ſes vieilles murs res-pied des fondemens.

VI.

Fille de Babylon ta ſuperbe inſolence
Receura de celuy, qui les foudres élance
Vn traictement pareil, vengeur de ton méfait.
Heureux, par qui ſeront tes murailles raſées,
Et de tes enfançons les teſtes écraſées,
Heureux, qui te rendra ce que tu nous as fait.

PARAPHRASE SVR LE PREMIER
PSEAVME DE DAVID,

Beatus qui non abijt, &c.

I.

Ien heureux qui s'abſtient du conſeil des
    iniques,
Qui ſage ne ſuit point leurs ſentiers Plu-
    toniques,
Qui ne ſied auec eux en leurs ſieges peſtés.
Mais qui ſes volontez range aux loix eterneles,
Qui diſcourt du Seigneur les decrets atteſtez,
Sous l'vn & l'autre iour de celeſtes pruneles.

II.

Il ſera tel qu'on voit ſur le moite riuage
D'vn ruiſſeau doux-coulant a couuert du rauage
Des bruyans Aquilons vn arbre touſiours vert:
Que le Lion ne ſeche aux plus chaudes iournées,
Que l'Arcture n'effueille, & qui paroit couuert
De ſon fruict dés qu'il ſent les ſaiſons retournées.

III.

Ainſi Dieu benira du iuſte les ſeruices:
Mais celuy, qui ſe veautre en la bourbe des vices,
Qui meſpriſe le Ciel, n'ateindra pas ce bien
Il ſera comme au vent la pouſsiere menuë,

Et le Mercure au feu, qui s'enuolent en rien,
Et comme la vapeur, qui se perd dans la nuë.

IV.

A ce grand dernier iour, qui iugera le monde
Son ame criminele, & sa dépoüille immonde
Se musseront aux yeux du iuge Criminel.
Et n'aprocheront point des blanches colombeles
Escheües en partage à ce iuge Eternel,
Qui perdra des meschans les escadres rebelles.

PARAPHRASE SVR LE XIV.

PSEAVME DE DAVID,

Domine quis habitabit in tabernaculo tuo, &c.

Vi parmy les sainctes phalanges
Sera fait compaignon des Anges
Seigneur, dans ton sacré Palais?
Qui de cette basse campaigne
Pourra grauir sur ta montaigne
Pour s'y reposer à iamais?

Celuy qui sans fard, ny soüilleure
Des voyes choisit la meilleure,
Et ne fait rien que iustement:
De qui le cœur sans malefice
Ne fournit iamais d'artifice

A sa langue, & ne la dement,

Celuy qui personne n'offense,
Qui ne rid, ains prend la defense
Quand on blasonne son prochain.
Qui l'obstiné pecheur déprise,
Qui le craignant Dieu favorise,
Qui ne iure iamais en vain.

Celuy qui n'accroit son domaine
De ce vile prest qui r'ameine
Sans nul risque le tant pour cent.
Qui (de peur qu'on le diuertisse
Par les presens) fait la iustice
Sans rien prendre sur l'innocent.

Qui rien que ces loix ne respire
Sera bourgeois du Ciel Empyre,
Pour y seoir à l'infinité.
Y possedera son bon Maistre,
Qui raffermira son bien-estre
Sur le Roc de l'Eternité.

PARAPHRASE DV PSEAV. CII.

Benedic anima mea Domino, &c.

I.

SVs, mon ame, debout. *Qu*'à ce coup tes
    penſées
Pour loüer le Seigneur ſoient là haut
    élancées,
Que mon cœur, que ma voix n'ayment
    qu'à le benir,
Que mes affections n'affectent que la gloire
De ſon Nom : qu'à iamais ie porte en la memoire
De ſes rares bien-faits l'immortel ſouuenir.

II.

Mon ame, c'eſt luy ſeul, qui de tes aduerſaires
Arreſte les efforts : qui penſe tes vlceres
Auec le baume doux de ſa douce mercy.
C'eſt luy, qui debonnaire à bien faire t'incite,
C'eſt luy ſeul qui ta vie a recours du Cocyte,
Dont les fleaux rigoureux te menacent icy.

III.

C'eſt luy, qui liberal de ſes biens t'enuironne
Qui fait que ton printemps en hyuer refleuronne,
Qui te rendra ſemblable à l'Aigle raieuny.
Qui fait grace, & iuſtice, & qui prend la defenſe

De cil qui patient va suportant l'offense
Qui sa paix a troublée, ou son honneur honny.

IV.

C'est luy qui seul guida le grand cornu-Prophete
Par ses iustes sentiers : qui seul fut l'interprete
De ses mystiques vœux à sa chere Bethel.
C'est le Seigneur tres-bon, qui patient tolere,
Qui soustient longuement : dont la tendre cholere
Meurt, mais dont le pardon vit tousiours immortel.

V.

Et bien que maintefois sa main prenne la foudre,
Ce n'est pourtant à fin de nous reduire en poudre,
Son courroux n'est pas tel, il veut nous conuertir.
Helas ! que ferions nous s'il suiuoit nos malices ?
Non, il n'égale point aux forfaits les supplices
Il voit nostre foiblesse, & sçait nous compatir.

VI.

Tout autant que le Ciel sur la Terre s'éleue,
Tout autant tous les iours la posterité d'Eue
Sent éleuer sur elle, & fondre sa Bonté :
Qui pardonnante écarte aussi loin tous ses crimes,
Que l'Olympe est distant des infernaux abysmes,
Que l'Occident est loin du Soleil remonté.

VII.

Il traicte aueque nous comme vn Pere exorable,
Qui ne peut voir long temps son enfant miserable,
Quelque faute qu'il fasse, & veut luy pardonner.
Il sçait que c'est que l'homme : & pource il le supo-

I

L'Homme n'eſt riē que poudre, vn peu de vent l'ēporte,
C'eſt vne tendre fleur, qu'on voit bien-toſt fener.

VIII.

Les fleurons mieux fleuris au premier vent s'ēflorēt,
Et ne ſont plus cognus des beaux lieux qu'ils decorent,
Ainſi nos plus beaux iours paſſent en vn moment.
Mais cette alme Bonté (qui les fautes pardonne)
Sur celuy, qui deuot ſa crainte n'abandonne,
Et ſur les ſiens encor dure eternelement.

IX.

Sa iuſticiere grace aidera fauorable
(Iuſqu'aux derniers Nepueus) la race venerable,
Qui ſon Teſtament ſuit, qui fait ſes volontez.
Son Troſne eſt ſur les Cieux, & tout ce qui reſpire,
Au deſſous recognoit les loix de ſon Empire,
C'eſt là haut où les ſiens ſont, & ſeront montez.

X.

Sus beniſſez le donc, releuez mes Cantiques
Vous, ſon Camp trois fois-triple, Eſſences Angeliques
Qui l'oyez, le ſuiuez, le ſeruez en tout lieu.
Beniſſez voſtre Ouurier, vous œuures memorables,
Dont il a decoré ſes mondes admirables,
Et vous, mon ame, encor beniſſez voſtre Dieu.

PARAPHRASE DE L'HYMNE
DE LA PASSION,

Vexilla regis, &c.

I.

Es Cornetes du Roy, volent par la cam-
    paigne,   *(iour,*
La Croix mysterieuse éclate vn noweau
Où L'Autheur de la chair, de sa chair
    s'accompaigne
Et fait de son Gibet vn Theatre d'Amour.

II.

Là pour nostre rachept, là, pour nostre doctrine
Il tend ore ses mains tend ses deux, pieds aux cloux,
Tandis les cloux d'amour cloüent dans sa poitrine
Son cœur tout amoureux, qui s'immole pour nous.

III.

Mort sur cette potence vne lance outrageuse
Luy perce le costé, d'où surgeonne soudain
De son sang, & d'eau viue vne onde auantageuse
Pour lauer le bourbier, qu'il a tant à desdain.

IV.

C'est-ce qu'obscurement le bon Dauid souspire,
C'est ores que suiuant ses prophetiques vers
Du Bois, le Tout-puissant établit son Empire,
Qu'au Bois, que par le Bois il regit l'vniuers.

V.

Arbre brillant & beau, que la pourpre Royale
Pare, orne, vermillonne, enlumine, enrichit,
De quel tige t'eleut cette ame déloyale,
Qui pour ces membres saincts en gibet t'affranchit?

VI.

Arbre trois-fois heureux, qui vois pĕdre à tes brăches
La rançon de ce Tout, tu balances ce Corps
Qui nos pechez balance. En toy sont nos reuanches,
Tu reprens sa reprinse au Coursaire des morts.

VII.

O Croix, que mon espoir à tes bouts aboutisse,
A ce iour que le sang sur toy coule à randon,
Augmente, s'il te plait, aux iustes la iustice,
Et donne aux criminels le desiré pardon.

VIII.

Esprits que cette Croix, que ce Gibet recrée,
Au sainct los du Trin'-vn rangez, tous vos propos
Trin'-vn, qui nous sauuez par cette Croix sacrée
Guidez nous, guindez nous au sublime repos.

IMITATION DV STABAT MATER.

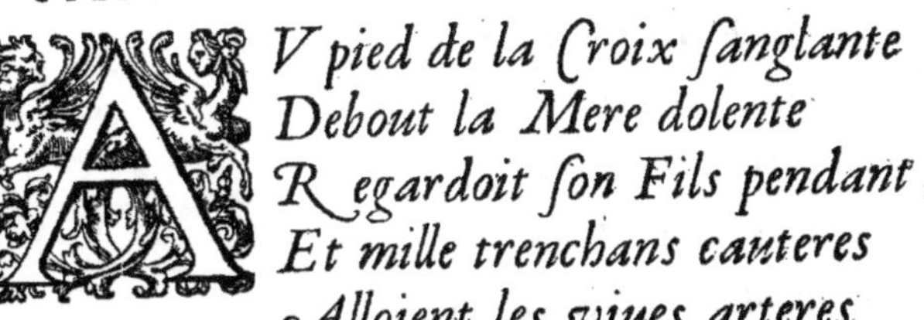

V pied de la Croix sanglante
Debout la Mere dolente
Regardoit son Fils pendant,
Et mille trenchans cauteres
Alloient les viues arteres
De son cœur entrefendant.

Quele angoiſſe palliſſante,
Quele triſteſſe opreſſante,
Combien d'effroys inhumains,
La rendoient lors haletante,
La faiſoient lors tremblotante,
Et de genoux, & de mains ?

A cet obiect pitoyable
Quel cœur ne ſeroit ployable ?
Quels yeux ne fondroient en pleurs ?
Voyant le Fils & la Mere
A cette iournée amere
S'entre-comblants de douleurs ?

O Mere, quele torture
Quand ta chere Geniture
Fut trois heures ſur ce Bois :
Et quand tu la vis ternie
Sous cette angoiſſe infinie
Rendre les derniers abbois.

Source d'Amour, Mere ſaincte,
Fay que mon ame ſoit ceinte
De tes douleurs à ce iour.
Fay que tes pleurs i'aparie,
Et qu'à ton Fils ie marie
Mon cœur enflammé d'amour.

Fay que sur mon cœur soient peintes
Fay qu'en mon cœur soient empreintes
Les Espines de de son chef :
Partage moy son supplice,
Puis que mon ame est complice
De cet horrible méchef.

Hé! fay que ie t'accompaigne
Fay qu'aueques-toy ie baigne
De l'eau de mes yeux sa Croix.
Fay que mes yeux dans ses playes
Treuuent pour leurs vieilles tayes
Vn collyre à cette fois.

Fay que son Gibet m'enyure,
Que son mourir soit mon viure,
Que i'aille te secondant
A seconder son martyre
A fin (au iour de son ire)
Que tu m'ailles defendant.

Fay qu'allant dessous la tombe
Sa mort soit mon Hecatombe
Pour offrir au Dieu des Dieux;
Et que mon esprit se trace
Par ta faueur, & sa grace
Vne voye dans les Cieux.

SVR
LES SAINCTES RELIQVES,
ET DEVOTE SOLITVDE DE
l'Isle sainct Honoré de Lerins.

SONNET I.

CE Parterre au milieu des ondes mari-
　　nieres,
Chaud des rayons du Ciel, moite de sang
　　humain
Vit bien-heureux iadis éclorre de son sein
Des odorantes fleurs, des Pierres massonnieres.

De ces fleurons sacrez, les odeurs printanieres
Nourrissent en ces bois vn immortel essain
Et ces Pierres que Christ repolit de sa main
Rebrillent sur les bords des celestes ornieres.

O saincte solitude, où nostre humanité
Sublimée au fourneau de vostre auctorité,
Peut d'vn agile saut se guinder sur le Pole.

Vous qui voulez apprēdre à viure entre les Dieux
Suiuez ces bons Docteurs, frequentez cette Echole,
Ce Desert est la voye, & la porte des Cieux.

SONNET II.

Vous, qui forcés l'effort de ces flots agités,
Non pour ces gros deſſains coniurez en
    Aulide,
Mais pour ſeigneuriſer le ſablon Pa-
    ctolide,
Venez ſurgir au port de ces lieux deſertez.

Vous, qui dans la priſon des fumeuſes Citez
Infames adorez le baſtard d'Ericide,
Quittez, pauures chetifs, cette Jdole homicide,
Venez purs habiter ces deſerts écartez.

Vous, qui d'vn maſle cœur pour orner vne hiſtoire
Cherchez en voſtre mort l'honneur d'vne victoire
Venez parmy ces bois exercer vos combats.

Vous y retrouuerez les threſors perdurables
De l'Amour eternel les immortels ébats :
Et des palmes encor à iamais venerables.

SVR
LA DEVOTIEVSE RETRAICTE
DV MONASTERE
DE GENTILIN.

SONNET.

Gentilin gentil, où les ames gentilles
Trouuent le seur moyen de se desabuser,
Heureux, qui peut quitter la vanité des villes,
Pour sous tes loix apprendre à se para-
  diser.

Chez toy l'Ambicieux n'a dequoy s'amuser,
L'Auare recognoit ses desirs inutiles,
Le forcené Cholere apprend à s'accoiser,
Le Paresseux se range au rang des plus habiles.

Le Gourmand s'y contient, le sec-maigre-Enuieux
N'y peut gorger sa faim, le mol delicieux
N'y sçait dequoy nourrir ses flammes amoureuses.

Seul le parfait Amant de la beauté d'enhaut
S'y rend souple, & dispost, pour d'un agile saut
Se guinder au seiour des ames bien-heureuses.

SONNET.

SVR

L'EVANGILE DV DIMANCHE
DES RAMEAVX.
En S. Matth. XXI.

SONNET.

Ay, Seigneur, ton entrée au donion de
   mon ame,
 Et monté ſur l'Aſnon de mon humanité,
 Fay qu'elle iette aux pieds de ta Diui-
   nité
Ses habits dont le Diable a deuidé la trame.

 Fay que de ton Amour, vn chaud amour l'enflame,
Et l'anime au combat contre la vanité
De la chair, & du monde, & que l'infinité
De tes ſacrez pardons ſes vlceres embâme.

 Alors victorieuſe imitant ſes germains
Elle prendra, Seigneur, des Palmes en ſes mains
Chantant à ta rencontre vn Hoſanna fidele.

 Et ces Palmes témoins de ſon vainqueur effort,
Témoigneront encor cette foy, que pour elle
Tu dois vaincre en mourant les efforts de la Mort.

H

SONNET

RAPPORT DES VOLVPTEZ, A LA MER.

Accōpare le front de ce traiſtre Element
Qui recalme, refriſe, & recreſpe ſon onde
Au front large-poly de ce pipeur aymant
Des fauſſes voluptez, qui deçoiuent le
monde.

La beauté d'Amphitrite à nulle autre ſeconde
Nous flatte ſur la plage, & nous rit doucement,
Nous promet ſur le bord de noſtre embarquement
De nous eſtre fidele, autant qu'elle eſt profonde.

Mais dés que nous ſinglons dedans ſon large ſein
Elle eſmeut, elle pouſſe, & repouſſe à deſſein
Ses flots démeſureZ, & nous porte au naufrage :

Ainſi la volupté, belle & douce à l'abord
Greſle en fin ſur nos chefs vn foudroyant orage,
Qui nous fait le ioüet de ſon rageux débord.

DIVERS POEMES

DONT LES AMYS DE L'AVTHEVR VOVLVRENT HONNORER SON OEVVRE DES PSEAVMES, LORS DE SA PREMIERE IMPRESSION.

D. D. JOANNI A CEPPEDA,
SENATORI CLARISS. ET IN RATIONVM,
Vectigalium, & Subsidiorum Curia ad Aquas
Sextias Præsidi amplissimo.

HONORATVS AYMARVS, REGIS CONSILIARIVS,
ET IN SENATV GALLIÆ NARBONENSIS
PROCVRATOR GENERALIS,
nunc verò Præses in Senatu Prouinciæ

EXASTICHON.

Epibus Altisoni septus, CEPPEDA *su-*
pernis
Demulces plectro resonans Dauida ca-
noro
Ferrea corda : Lini cedat tibi gloria
Thracis
Cedat & Amphion, remouens modulamine saxa,
Nomen, & omen habes, altérque propheta Joannes
O felix Præses, te vatem vatibus addo.

SONNET.

QV'attendez vous, Mortels, aux mou-
rans flots d'Erice ?
Qu'attendez vous, plongeons, dans ces
pipeurs plaisirs?
Rechauffez, r'alumez r'embrasez vos
desirs
Dans le sein étoillé de l'éclerante Elice.

Puis au front de ce port iettez l'anchre tortisse,
Couronnez vostre Mats de ces larmeux souspirs,
Sacrez vostre dépoüille à ces tiedeux Zephyrs
Et neuf fois vous lauez dans cette onde propice.

Ce Berger Delien, ce Prophete Sceptré
D'vn sanglant traict d'Amour mortellement outré
Démordit ia proyé, les noirs haims du naufrage.

Accolant ce Tableau, qui le conduit à bord
Que mon CEPPEDE append aux lys perlez du North,
Monstrant aux my-perdus du salut le passage.

G. BVISSON, CONSEILLER DV ROY
en ladicte Cour des Comptes, Aydes,& Finances de Prouence à Aix.

A LVY-MESME.

L E celeste Nectar, qui coule de ta plume
Fera viure immortel ton honneur en
    ces vers,
Phebus ceindra ton front de lauriers
    tousiours verds
Le vieillard ne verra consumer ton volume.

Ces larmes, que ton ame amoureusement hume,
Ces souspirs souspirez en mille tons diuers,
Ces penitens sanglots apprendront aux peruers
A réchaper du feu dont l'Auerne s'alume.

Ainsi tu receuras le fruict de tes chansons,
Ainsi nous receurons le fruict de tes leçons
Grand Dieu de ce grand Tout fortune mon Augure

Donne luy, donne nous le succez auguré
Et fay qu'auequë luy nostre race future
Sur l'aisle de ces vers vole au monde etheré.

G. De Mantin Seigneur dudit lieu.

AD EVMDEM.

Xoptate liber complexus linque paternos
  Nam te complecti Gallia tota cupit

Eia igitur prodi : quæ nam te cauſſa moratur ?
  Veſtis (crediderim) non pretioſa ſatis:

Si pretioſa tamen, bene non compacta videtur;
  Spongia Ariſtarchi ſed tibi forte moræ.

Et pretioſa quidem veſtis, quam texuit olim
  Vates flebilibus dum replet aſtra modis;

Et bene compacta eſt facundi Præſidis arte
  Quíque ſuo eloquio ſaxa mouere poteſt.

Momos formidas ? procul iſtum pone timorem,
  Pro genio viues tutus vbique tuo.

L. D. V. Abbas M. B. V. D. Cagia.

EIDEM DOMINO A CEPPEDA.

Duino incaluit vates Diuinus vt ore
Ante aras sacro carmine plectra
quatit.

Inuoluit Dominus quot pulchris or
bibus orbes,
Qua ad superas sedes arte paretur
iter,

Post partos stato, casóque Gigante triumphos
Te pede, te numeris summe IEHOVA canit.

At numeros tentat dum sic imitarier, Author
CALPÆA en gallo cum PEDE sanctaSION.

Laudetur Dominus, Dominíque potentia quondam,
Qui premit Ægyptum, parcat & ipse pijs

Interea, Præses, Præses, dignissime cælo
Artem dum miror miror, & artis opus.

F. Fortius I. C. Andin.

TETRASTICHON.
AD EVNDEM.

Vdivit varias vno gens perfida lin-
guas
Ore, eadem mentis mystica sensa loqui.
Quid mirum? Hebræa cecinit quæ car-
mine vates
Si pia nunc eadem Francica Musa refert.

QVATRAIN.

E Gaulois de l'Hebrieu les soußpirs re-
soupire
De façon que nul d'eux n'est vaincu
ny vaincueur
Ce que Dieu dict au Iuif, le Iuif le peut
or' dire
Au François, i'ay trouué l'homme selon mon cœur.

G. PABERAN.

SONNET

SONNET.

E l'Amphienne voix les tons harmo-
    nieux
Accordez aux discords d'vne char-
    mante Lyre
Attirans les Rochers , attirans le
    Porphyre
Bastirent des Thebains les murs prodigieux.

De tes diuins accords l'Aymant Psalmodieux,
Qui l'humble repentance, & la grace souspire
Nos esprits empierrés sur les Poles attire
Pour releuer les murs de la Cité des Cieux.

Les Thebains d'Amphion eternisans la gloire
Luy firent des Autels, festarent sa memoire,
La placerent deuots au rang des demy-Dieux.

Les celestes de mesme eleuez sur les Poles
Par ces vers obtiendront que ton nom glorieux
De l'vn & l'autre EDEN guidera les Caroles.

SONNET.

Ils ayſné d'Apollon qui reſſembles ton
    Pere
Et de poil, & de front, & de bouche,
    & de voix,
Il t'a pleu de quitter le riuage Idumois,
Pour apprendre à nos Luths de charmer la miſere.

Et bien que ton Ærain que l'vniuers reuere
Puiſſe attirer à toy les rochers, & les bois,
Jl ta pleu, tu le ſçais, d'épreuuer l'air François,
Et toucher de mon cœur le plus ſubtil artere.

Ie vous rends grace, ô main, qui m'auez façonné,
Je vous rends grace ô Ciel, qui m'auez fortuné.
Ie vous rends grace, ô Chriſt, de voſtre humble courõne

Ie demeure content, & ne ſeray marry
Ne ialoux, qu'vn plus docte, & de vous plus chery
De ſuperbe laurier ſes temples enuironne.

L. De Galavp ſieur de Chaſtueil.

CAROLI A SANCTO SIXTO,

PRIORIS, ET DOMINI SANCTI
Spiritus, & nunc Regensis Episcopi.

Ventis in se prælia Galliæ
Arásque spretas dum Superùm Pater
Despectat, & sæuis minatur
Fulminibus grauiore dextra,

Complere funus gentis, & vrbium
Nostrísque hiantes dum Eumenides malis
Hinc inde dementeis adurgent
Anguibus, & facibus ruinas.

Tu fata magni, tu Imperij dolens
CEPPEDA, vt eius muneribus nites
Mulcere tantas tendis iras
Mente pia Citharaq́ cantu.

Hebræa ceu tu carmina Regij
Refers Prophetæ pectine patrio,
Arguta ceu Christi supremos
Dicere Musa parat labores.

Olympus & iam verba sui iubens

Pſaltis referri gaudet amabilis
Auréſque Dirarum Sororum
Threicijs fidibus mouentur.

Heu! ſed verendum, ne furor impius
Armorum, & iris corda tumentia
Mortalium, infeſto tumultu
Orphea præpediant canentem.

E trouble point le repos
De ce bien-heureux Prophete,
Si ſon repentir appreſte
A ton nom immortel los,
La CEPPEDE ſi ton dos,
Se voit empenné des aiſles
Non moins diuines que belles,
N'inquiete point ſes os.

Voudrois tu pour vn peché
Meurtry par ſa penitence,
A fin que ton los s'auance,
Qu'il fut encor recherché?
Qu'il fut touſiours attaché
Au Roc comme vn Promethée?
Que ſa Lyre tant vantée
L'eut du haut Ciel arraché.

Il humoit dedans les Cieux
Le Nectar au lieu de larmes
Lors que les douces alarmes
De tes vers delicieux
Le contraignent à qui mieux
Chantera les pleurs, la Cendre
Le contraignent à descendre
Du manoir plus glorieux.

La CEPPEDE c'est à tort
Qu'on luy rauit sa demeure,
Faut-il derechef qu'il meure
Pour t'affranchir de la Mort ?
Ce mesme encor' le remord,
Qui prez du grand Dieu te renge,
Quel pernicieux échange
De la haute mer au port.

La cendre est encor' son pain !
Et les larmes son breuuage !
Dans les pleurs son lict renage !
Il plombe encore son sein.
Il est vray que ton dessein
Sur le plus haut des Cieux noüe
N'attens que Dauid l'aduoüe
Jl le sent trop inhumain.

Ha ! ie faux, car ce n'est pas

De ce Roy la repentance :
Bien qu'elle ait mesme cadance
Qu'elle marche à mesme pas
Qu'elle abhorre les appas
D'vne alechante luxure :
Qu'elle est la mort du pariure,
Et le trépas du trépas.

C'est plustost ton repentir
Qui te place sur les nuës
Ja sur les Alpes chenuës
J'entens ton los retentir,
Et ie te voys garentir
De la beante cauerne,
Ia le tenebreux Auerne
Va tes vices engloutir.

O trois, quatre fois heureux
Ton repentir LA-CEPPEDE,
A qui de contrainte cede
Le vice plus rigoureux,
Que d'vn Zele doucereux,
Il plonge dans les fontaines,
Qui vont épuisant les veines
Du Redempteur amoureux.

Chante donques librement
Plains, regrette, pleure, & crie,

I'entens Dauid qui s'écrie
R auy de contentement
D'entendre si hautement
R esonner ta repentance,
Qui mesme son pleur deuance,
Et ta volonté dement.

Ie voys qu'il offre ton pleur
Au grand Dieu, qui tressaut d'ayse
De voir tremper en mal-ayse,
La tromperesse douceur,
Il forbanit la douleur,
Il te semond à la ioye,
Il fait qu'en ton chef verdoye
Le Laurier chasse-malheur.

N. PERRIN Aduocat au
Parlement de Prouence.

EXTRAICT DV PRIVILEGE.

Ar priuilege du R o y, donné à Paris le 18. d'A-
uril 1612. figné par le R o y Comte de Prouence en fon Confeil De Vernefon: Il éft permis à
Meffire I e a n d e l a C e p p e d e Seigneur
d'Aigalades, Cheualier, Confeiller du Roy en fes Con-
feils d'Eftat & Priué, & premier Prefident en fa Cour des
Comptes, Aydes, & Finances dudit pays de Prouence à Aix,
de faire imprimer par tels Imprimeurs & Libraires que bon
luy femblera fes œuures, & particulierement *Les Theoremes
fur le facré Myftere de noftre Redemption, diuifez en trois liures, & fuiuis de l'Imitation des Pfeaumes de la Penitence de
Dauid, & autres Meflanges Spiritueles,* fans qu'autres Imprimeurs & Libraires que ceux aufquels ledict Seigneur en
aura donné la charge & permiffion, les puiffent imprimer
durant l'efpace de fix ans enfuiuans & accomplis: fur peine
de confifcation defdits liures & d'amende arbitraire, comme plus à plain eft contenu aufdites Lettres.

Ledit Seigneur de la C e p p e d e a permis à la Vefue
de Iacques Colomiez, & à Raymond Colomiez, Imprimeurs ordinaires du R o y, & de l'Vniuerfité de Tolofe,
d'imprimer lefdites œuures, fans qu'autres les puiffent imprimer durant ledit temps.